金錢買得到良藥，

卻買不到健康。

金錢買得到華美樓房，

卻買不到快樂的家。

金錢買得到情愛，

卻買不到真愛。

金錢買得到明亮，

卻買不到希望。

金錢買得到一切有形，

卻買不到價值與信念。

失敗不是偶然，

成功不是一蹴可及，

苦守機會是不夠的，

機運加上才幹，

才是邁向成功的不二法門。

準備就緒，

就是迎接任何挑戰的最佳配備，

當時機來臨時，

你隨時可以掌握它。

第一步確實最重要，

但下一步也不容小覷。

快樂並非得歷經辛勞才能取得，

快樂不需金錢支付。

快樂會在我們意想不到時降臨。

目 錄　CONTENTS

01	準備就緒	008
02	緊抓機會	012
03	發揮實力	016
04	持續規劃	020
05	捍衛名聲	024
06	全力以赴	028
07	不懼挑戰	032
08	學無止盡	036
09	知人善任	040
10	絕不放棄	044
11	剔除病根	050
12	深謀遠慮	054
13	相信自己	058
14	不思則退	062
15	當下盡力	066
16	堅持到底	070
17	適才適所	074
18	齊心合力	078

19 用人不疑 ····················· 082

20 實踐目標 ····················· 086

21 發揮所長 ····················· 090

22 奉獻所能 ····················· 094

23 盡心盡力 ····················· 098

24 跳脫窠臼 ····················· 102

25 見賢思齊 ····················· 106

26 專注生活 ····················· 110

27 反思所為 ····················· 114

28 堅定心志 ····················· 118

29 正向思考 ····················· 122

30 持心正直 ····················· 126

31 良善循環 ····················· 130

32 隨處快樂 ····················· 134

33 練習思考 ····················· 138

34 不忘夢想 ····················· 142

35 勇於創造 ····················· 146

36 累積經驗 ····················· 150

準 備 就 緒

> 準備就緒，再開始遊戲。
> 下定決心，再執行策略。

大多數人總是隨興而為，但聰明的人會說：
「別操之過急做你根本不懂的事。」

若我們真的想把事情「做好做滿」，
就需要「準備就緒＋謹慎＋了解基本道理」。

缺乏「知識」就別想開公司。

如果還沒準備好，就別開始遊戲。

因為玩遊戲需要有遊戲計畫，而這需要時間。

若尚未準備好開始遊戲，請別強迫自己，

因為你可能在遊戲期間必須退出，

而這是輸家常做的事——「放棄」。

如果對遊戲策略一無所知，你又如何著手計畫呢？

遊戲策略最重要的準則，

就是不能只想著如何得勝，

在意輸贏只會讓你最終敗於敵人之手。

我們一定得面對的重要戰役，就是心智的交戰。

只有真的準備就緒，

才是「行動」的時機。

準備好再**開始**。

在你確定自己準備好以前，不要貿然行動。

一趟旅程需要踏出**第一步**；

一段階梯需要走上**第一階**；

閱讀書本需要翻開**第一頁**；

而**體驗生活**需要我們嘗試體驗。

即便我們是第一次，

「我們也要在眞的行動前做好準備。」

世界級運動員需要不斷練習，

做好萬全準備，才敢參加各種比種。

我們需要在一開始便做好準備。

商人＋學生＋運動員＋音樂家都需要做好準備，

才能有最佳表現。

工作經驗
遠比
你在大學所學的
更有價值。

緊抓機會

我們抓不住空氣，但我們可以緊抓機會。

有些人一生中只能得到一次機會。
有些人拿到很多機會，但卻有志未成。
還有些人則從沒得到過任何機會。

很多人讓手中的機會白白流失，
但「準備好的人」絕不會讓機會跑掉。

開業有兩項重要準則，

第一準則：

「每件事都是一個機會。」

第二準則：

「若眼前看不到機會，就回歸第一準則。」

對登山者來說，眼前就是一片無法抓握的山壁，唯一能做的就是往上爬。

若沒有東西讓我們按圖索驥，我們就創造出**屬於自己的指南書**，根據自身想法按部就班。

無論如何一定要像登山者做好準備，我們需要**思前想後**，因為不論如何準備，終究會面臨困境。

四周充滿氧氣，但機會僅存在於**看得到的人**的眼裡。不是每人都能看見機會，**既然能比他人先看到，不就是因為「幸運」嗎？**

老房子 可以成為古典風格咖啡店或改裝成老宅翻新
旅館。

中古車 在車主同意之下，便可成為復古經典車款，
重現榮光。

老電影 有其獨特風格和演員陣容，新電影或許可以
模仿，卻無法照本複製。

一個注重時尚及美感的國家，
對許多才華出眾的設計師而言，會是絕佳機會，
應該妥善把握市場。

一個缺乏健康速食的地區，
如果有廚藝精湛的廚師設計新菜單，
那就擁有開發新市場需求的絕佳條件。

具備眾多機械資源的城市，
將會是機械工藝專家一展長才的舞台，
我們不該讓機會從手中流失。

人生就是
有時贏，
有時輸。

發 揮 實 力

> 了解自己的實力，在他人發現並
> 攻擊你的弱點之前，盡力發揮。

別驚訝自己也有「弱點」，
因為每個人都有能力不及之處。

但若要戰勝，我們只需好好發揮自己的「**實力**」，
無須多慮弱點何在。
我們該做的事，就是**知曉自身實力在何處**。

要盡力發揮實力，才能在你的主場佔上風。

適性是——

你最佳的實力之一，因為沒人猜得到你接下來的動向。

有遠見的執行長總能——

執行關鍵計畫，帶領公司走向更光明的未來。

開業時——

你得在仰仗其他事物前先相信自己。

不要在一開始就向他人尋求協助，

因為他們可能會認為你的公司一直需要協助。

在別人了解你之前先瞭解自己，

你需要認識自己。

「若不知道我們有何才華或擅長之事，

我們又該如何在人生的遊戲裡擊敗他人？」

看得見機會的人

有些人利用實力**創造銷售額**；

有些人利用實力**拓展名聲**；

有些人利用實力**開設全新事業**。

有些人**足智多謀**，創造銷售額；

有些人**善用天賦**，拓展名聲；

有些人**按個人喜好**，開設全新事業。

有些人以自身**嗜好**開業；

有些人以自身**天賦**開業；

有些人以自身**經歷**開業。

對看不到機會的人來說，任何事都不可能完成。

在屬於
自己的世代裡，
努力成就自己吧！

持 續 規 劃

> 樹木需要水，
> 事業需要規劃。

商人每天都需要規劃和調整。

公司只有在提出新規劃時才能往前邁進。

舉例而言，

財務部門做財務規劃；

行銷部門做行銷規劃；

銷售和業務部為所有業務人員做分配規劃。

自認「我不夠懂」的人

會比「我什麼都懂」的人更具**優勢**。

謙讓的執行長

會得到社交圈裡他人的喜愛。

人們都想見到謙遜之人**成功**。

傲慢的執行長

會得到社交圈裡他人的厭惡。

人們都可預見傲慢之人**失敗**。

從未停止發想的人

往往「不認爲自己知道什麼」，

他們會想「還有許多事情需要學習」，

實際上這會讓他們繼續發想創意。

世界每一天都在變化，汽車市場總有全新車款出現，

電影院每周都有新電影。

「每個人都需要持續發想，不該停止。」

自我規劃	未經規劃
清楚 「世界充滿變數」	永遠不懂 「世界是變動的」
閱讀充實更多知識	從不閱讀、無心學習
創意十足且 喜愛學習新知	毫不關心 其他人的發展
新想法總是有趣的	新想法危險可怕
永遠不怕改變	懼怕改變
熱愛學習， 樂於發展組織	厭惡學習新事物， 從不發展組織

不規劃，
就徒勞而死。

捍 衛 名 聲

> 如果你想賺錢,
> 別為了眼前的小利而冒險。

比起賺不到任何錢,多數人更害怕敗壞名聲。
但在商場上並沒有「**對錯**」,只有「**勝負**」。

若你想要做生意,那最重要的事是:
你要公司賺錢,還是要公司出名?

企業的長期目標確實是名聲，

但有時企業走下坡時，落魄的人就需要靠雙手緊緊撐住，一旦放棄，就算只是一隻手放開，那這事業就絕對失敗。

小型企業需要「資金」，大型企業需要「聲譽」。

在我們協商如何熬過困境之時，

我們還需要時間獲取良好聲譽，

也就是所謂的名聲。

經營事業就像登山之前要選擇對的登山繩，

若我們選對了繩子，

我們就能突破困境，**順利攻頂。**

若老闆選錯路，

公司就永遠無法克服困難，肯定陷入混沌。

當我們陷入深淵，

也會看見其他因選錯繩子而墜落谷底的人。

懷著**恨**而生存，
遠比

擁有**愛**而活著，
來的痛苦。

全 力 以 赴

> 「金子」屬於「淘金客」，
> 「知識」屬於「學習者」，
> 我們需要盡力做好任何一件事。

善盡職責＋愛我所選，

會比「無所不通、但只在需要時去做」的人更好。

業務員得學習業務和銷售；

學生得學習選定的科目；

歌手得練習要表演的歌曲；

會計師得擅長會計和金融。

當我們選擇要做一件事時，

我們就能確實得到「期望的回饋」。

種瓜得瓜，種豆得豆。

這也是為何淘金客能得到**金子**作為努力的獎賞。

具備**絕佳想法＋健全心態＋良好態度**的人，

肯定能獲得「好東西」當作回報。

若你得到了「好東西」，就要做好事。

一生從未完成任何事的人，

通常會抱怨他人有更好的生活，

並假定他人總是比較幸運，

進一步埋怨上天為何不公平。

做好事的人，都是做自己喜愛之事的人。

幸運的人，都是知道掌握時機的人。

成功的人，都是做足萬全準備的人。

懶惰的人，則是一生未曾有任何成就的人。

對淘金客而言，
「希望」就是
最有價值的資產。

因為，
在他們眼前的
就只有**石塊**。

不 懼 挑 戰

> **如果你選了永遠無法得勝的戰場，**
> **又怎麼能在第一時間贏得戰爭？**

術業有專攻，

盡你所能就是創造傑作的過程。

運用你的**持續性和創造力**來達成穩定收入，

是你能以才能和想像力挑戰自己的方法。

每種行業都有其挑戰，

唯有不懼挑戰，才能超越自己。

廚師擅長烹飪，

他們面對的持續挑戰便是讓顧客熱愛美食，

並且願意經常光顧。

藝術家必須利用自己的美感，

在每次動筆時創造出最美麗的繪畫，

並讓人產生藝術的共鳴。

汽車維修員需要修理汽車，

確保車子能回歸最佳運作性能。

而顧客會因為他們優異的服務產生好感。

厲害的人時時可以向世界展示傑作。

每種職業在實行時都有其技能需求，

「說」很容易，

但要真的「做到」才叫厲害。

真正知曉戰局的人，

是明確知道

自己該做什麼事的人。

思而後行者是

「等著適切時機來臨的人」，

也是

「知道在時機降臨時如何應對的人。」

沒有任何遠見的人

通常會在錯誤的時間做事，

這也是前人總會建議我們

「三思而後行」的原因，

因為莽撞行事的人

通常無法成功。

當你找到
熱愛之所時，
就能得勝。

學 無 止 盡

> 別限制自己的學習能力，
> 因為你永遠停止不了學習。

大部分的人只選擇學習自己想知道的知識，
或者，他們會告訴自己「我沒那麼聰明」，
因此放棄學習。

事實上在商場上，
你需要不自覺地繼續學習，
不然你將無法經營事業。

有些人說：

「我不想當個業務員，我想要有自己的公司。」

但，任何公司經營者都要具備銷售能力。

曾經聽過有人說：

「我不會推銷」或「我沒有打算要賣給你」。

但仔細探究你就會發現，其實這也是一種銷售方法，

只是以更高招的方式賣給你。

厲害的人不會關上任何一道門，

因為他們會開放給聰明的人。

樂於學習更多的人知道他們不會停止學習，

因為這世界永遠不會停止運轉。

害怕提問，

就會成為永遠學不到東西的人。

如果你不愛，
就不要
假裝很愛；

如果你不懂，
就不要
假裝很懂。

知 人 善 任

> 單打獨鬥
> 或是
> 團結致勝

富有的人通常擅長聘用最佳業務員。

理性的人通常會找比自己更好惡分明的人。

聰明的人通常會找能掌控全局的人。

愚笨的人通常會把最困難的任務交付給無能者，

最終招致失敗。

厲害的策劃者

通常會聲東擊西，

但實際上他們是想在對方毫無防備時發動攻擊。

厲害的玩家

通常能擊敗隊伍中的好手，

然後再一個接一個殺死其他角色。

厲害的謀略家

通常會審度時勢、以退為進，

再奇蹟似地打贏戰役。

「遊戲中務必要有想操控全局的野心，

通常就能在對手意想不到時，抓到致勝點。」

重質不重量，

重點在於
你想獲得什麼。

絕 不 放 棄

> 「築夢者」是努力去做某件事。
> 「做夢者」是不願嘗試做任何事。

能力是從「**做**」開始，
無能通常是因為「**不做**」任何事。

尚未成功的人通常不知道該做什麼，
也不知如何著手。

最終導致失敗通常是因為
沒有恆心＋沒有用心。

成功者通常能**勇敢前進＋不畏艱難**，

克服任何困難。

失敗者有時想嘗試克服困難，但一般會有所猶疑，

並在嘗試之前放棄。

放棄者通常克服不了困難，

所以他們的SOP就是：**嘗試＋放棄＋嘗試＋放棄**。

「一個人若總是在摸索與放棄間來回，

就永遠解決不了真正的問題。

這就是人們永遠克服不了眼前困境的原因。

又或者說，他們完全不知道該做些什麼，

而這通常就是改變的癥結點，

所以他們會把『摸索』的想法轉換成『放棄』。」

不知該如何著手時，試著從各個角度了解情況。

一知半解則無法幫助你做任何事。

感同身受，將心比心。

若你希望「**舒適＋便利**」，
那請了解你的客戶也懷有同樣的希望。

入住五星級酒店時，
你會希望能有最舒適的床鋪、最乾淨的空間，
更會希望房間內任何事物都是完好如新的，
你也會希望酒店提供世界級服務。

同理，
面對客戶的高度期待，也請妳理解接受，
因爲他們和你一樣都是**人**。

你所渴望的，
　其他人也有
　相同的渴望。

知識
不會憑空
從樹上長出來，

他將隨著
你生活的
每一分鐘增長。

剔 除 病 根

> 若是人事出了問題，
> 就找人資主管來處理。
> 若是自己出了問題，
> 那你就該處理它。

厲害的人通常知道「問題源頭是什麼。」

他們會從問題的根本解決。

普通人通常會選擇解決問題，

並知道如何應付問題，好找出正確的處理方法。

失敗者通常不擅於找出問題根本，

也不知道如何解決，只能重蹈覆轍。

最棒的問題解決者通常會從根本處理問題，
免得重蹈覆轍。

正確處理問題的方式，
在於當事人要了解
❶ 問題是如何發生的。
❷ 追溯根本原因。

如果我們能找到問題根本，就要剔除病根。

若團隊中有一人是問題根源，
那要做的就是針對該人下手。
若是系統出現漏洞，
那就補好該缺陷。

如果問題是因爲系統程序不全，
那要做的就是確實修復系統。

學習
才有智慧，

知識

就是力量。

深 謀 遠 慮

成功人士的特質在於
看見從未有人看見的未來。

有遠見的人

是有想像力的人。

猶疑不定的人

是等著他人告訴自己「該怎麼做」的人。

不自愛的人

是相信命運而不會創造命運的人。

自我欺瞞的人

是從不聽從他人勸告、只顧自身的人。

有偏見的人

會假裝自己不知道這世界是什麼樣貌，
他們只看見自己想要的。

懶惰的人

會找上百個藉口來逃避任何事，
而永遠找不到任何理由去做一件事。

懦弱的人

不論遇到誰或面臨什麼狀況，
都會舉雙手投降、放棄抗爭。

體弱的人

雖然獲得眾人的鼓勵與支持，但最終還是會放棄。

無能的人

會在戰鬥開始前就放棄。

鬥士

是就算害怕失敗，仍不會畏懼的人。

勝利者

是不喜歡「放棄」二字、所以比別人更努力的人。

如果
做生意
如此容易，

那
　每個人
　都能成功。

相 信 自 己

> 遇上比你強大的人時，
> 也要保持淡定。
> 不論他有多強大，相信你自己。

有天賦者處處皆是，若你遇上他們，記得與他們交往。

爛人處處皆是，若你遇上他們，無論如何都要避免接觸，盡可能逃得遠遠的。經常圍繞在這類人身邊只會惹禍上身。

愚蠢之人處處皆有，若你遇上他們，別放希望在他們身上，因為他們的愚鈍很快就會影響到你。

要遇上一位「有才＋親切」的人很難，

所以不論是在何時碰上這類型的人，

應該要留意他們，別讓他們跑掉。

有才能者做任何事都有可能成功，

因為他們會尋求對自己有益之事。

無才能者可能永遠都無法理解自己犯下的錯，

他們不懂為什麼自己做錯，

這也是他們會重蹈覆轍的原因。

「不知道自己為何做錯的人，永遠也學不會修正過

失，因此他們碰到的困難也無法消除。」

若你碰上不好的人，就遠離他。

若你碰上能力不足的人，試著給他建議。

若你遇上體面的人，試著仿效他。

若你遇到有才能的人，盡可能向他學習。

成功有其道，

但只有少數人
真正明白。

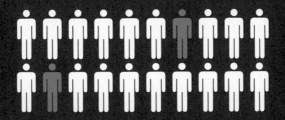

不 思 則 退

> 漫漫長路
> 總要從第一步開始。

問題再大，

也不需要耗費全心全意解決。

困難再大，

任何人都能靠自己的能力解決。

沒有一個問題是不能解決的，

只要有明確目標就能做到。

你若**停止思考**，問題將懸而未決。

有些問題就如雜草，
有些問題好比鼴鼠，
有些問題就像菌類，
有些問題則是病毒。

若我們因為不重要而忘了它，它還是會出現。

處理這類問題就恍如擺脫爛人，
當好不容易擺脫一個之後，就有另一個出現。

公司裡的問題會在解決後又出現另一個，
若我們停止思考，那麼問題就會層出不窮。

「思考，讓你更有能力。
以聰明才智來克服問題。」

獲得幸福
的
祕密要素，

就是
真切熱愛
你做的任何事。

當 下 盡 力

> 過去成功已然過去。
> 過往挫敗業已消逝。
> 正確的方法就是好好看向未來。

有些人對**過往成就**緊抓不放。他們想嘗試新事物時，
便想重現往日榮光，同時維繫曾經造就的名望。

有些人則會因爲**過往的挫敗**而被自己打敗。他們太過
懼怕所以嘗試不了任何新事物，因爲他們心中只有挫
敗的失落感，以及當時其他人冷言冷語的回憶。

能完成任務和做完工作的人，

通常不會在乎過往發生過的事，

因為我們不可能改變過去。

即便過去很成功，這也只是過往的一件事。

就算過去很失敗，這也只是過往的一件事。

如果我們想讓未來更美好，

那「現在」就要盡力做到最好。

「在當下盡全力，就是全心以意志奮鬥。」

過去曾獲得的成就或名聲，

不論你如何希冀，絕不可能擔保未來成功。

一旦
錯失機會，

便永遠
要不回來了。

堅持到底

> **懦弱出自怯弱的心態。**
> **力量源於強健的心智。**

強壯的人永遠不會生病的機率爲一百萬分之一，
這是因爲他有堅強的意志。

一千人當中，
通常有一人能比其他九百九十九個人更成功；
而這一千人當中，通常有五百人在開始前就放棄。

我們的一生裡，總會遇到計畫追求高技術職業或其他類型貿易的人，假設**想完成什麼＋想成為什麼的人**大概有一千名：

第一批因為被拒絕就放棄的人，在千人中的第一批，可能就多達五百人。

第二批因為被拒絕十次就放棄的人，在剩下五百人中可能就多達三百位。

第三批因為被拒絕二十次就放棄的人，在剩下兩百人中可能就多達一百五十位。

第四批因為被拒絕一百次而放棄的人，在最後剩下的五十人中可能多達四十九位。

「最後堅持到底不放棄的人會成功，
且達到計畫目標，
他將得到其他人無法堅持下去的成果。」

如果你有時間去放棄，
或許你應該利用
這時間思考如何奮鬥。

真正的財富，
只為
最聰明的人保留。

適 才 適 所

> 光線照射在鑽石上，鑽石會反射光芒。
> 但碰到汙泥的話，她必然也會變髒。

優秀的老師能從學生的眼神中看出

誰能像老鷹飛得一樣高；

誰能像獅子一樣受人尊崇；

誰會像海豚一樣聰明；

誰能跑得和獵豹一樣快。

不好的領導者通常會把任務交付給錯誤的人。

若不能適才適所，最終便是什麼都完成不了。

若你是名礦工，而你發現一塊尚未刻鑿過的寶石，

那你應該能分辨出它是

「寶石」或只是**「普通石頭」**。

若它只是一塊**「石頭」**，何必浪費時間刻鑿呢？

它沒有任何價值，只會浪費你的時間和金錢而已。

若它是塊沒被刻鑿過的**「寶石」**，

其他人或許還**「看不懂它的價值」**，

你應該花時間雕琢它，

因為它很快就成為珍貴的鑽石。

被刻鑿過的**「鑽石」**

一碰到光線就會閃閃發光。

「鑽石」就是**「鑽石」**，正如石頭永遠是石頭。

不論你如何**重視它**，即便你用**黃金**包覆垃圾，

也不會改變**垃圾**的本質。

把時間用在
珍愛的人事物上，

盡你所能，
讓每一天都很美好。

齊 心 合 力

> **螞蟻雄兵，聚少成多。**
> **個人主義，互不理睬。**

當我們意識到「自己有多渺小」時，
就更需要**齊心合力**，讓我們的力量更強大。

若我們想得太遠，卻什麼都沒做，
那我們不可能完成任何事。
若每個人都**專心致志**在各自負責的環節上，
不去揣想結果、不去放大想像，
努力做才是當下的重點。

無名小卒或踏實者有機會真正成功。

不論是誰，要想成功都需要兩件事：
「努力＋智慧」。

有些人會責怪父母沒有給他們足夠資金開業，
其他人則怪罪時局不好、經濟蕭條。

然而，
在同樣的經濟條件之下，
還是有許多企業確實成功。

「成功來自於付出足夠心力和智慧，
克服面臨的所有困境和問題。」

不夠聰明的人通常無法成功。
不夠努力的人通常無法克服所面對的困難。

如果有一件事
是需要積極去做的，

那將會是
讓夢想成真。

用 人 不 疑

> **不要把自己的想法套入別人身上，**
> **也不要強迫別人完成你的願望，**
> **除非你想當個暴君。**

每個人都是獨立的個體，即使是雙胞胎、連體嬰也是不同的，他們或許長相相似，但性格卻是南轅北轍。

每一個人都有自己的個性。

個性態度來自年齡差異＋家庭環境＋教育背景＋生活經驗＋學習能力。

強迫廚師當黑手是困難的，

強迫跆拳道選手去學舉重是困難的，

強迫吉他樂手去跳舞是困難的。

聰明的人不會強人所難，

他會找到適合的人選，提升他們的實戰能力。

武術大師能分辨出

哪位學生擅長近身肉搏戰；

哪位學生擅長比劍；

哪位學生擅長跆拳道；

哪位學生擅長飛刀；

哪位學生擅長自由搏擊。

愚者總習慣強迫他人去思考，

要求他人做應該是他自己該做的事。

智者不會強迫任何人去思考或做任何事。

相反地，他們會教導其他人如何變得更好。

聰明的人
做聰明的事，

而愚笨的人
總做愚笨的事。

實 踐 目 標

> 若想測試自己是否有紀律，
> 就看看新年新希望完成了多少。

新年來臨時，

大部分的人會許下新年新希望，

期望自己能完成清單上的每一件事。

有些人能完成目標，但也有人做不到。

只有懷抱正確思維的人才能完成自己的個人目標。

大部分的人都想成為更好的人；

大部分的人都想希望工作表現更好；

大部分的人都希望賺到更多的錢；

大部分的人都希望能去更多地方旅遊；

大部分的人都希望能比現在更有成就。

但是，
能完成自己訂定目標的人非常之少，
因為第一個需要的就是——

「紀律」。

你的行為
決定你是誰，

任何事情的發生
都取決於你做了什麼。

發 揮 所 長

在戰場上表現傑出，
遠比光有聰明的腦袋好。

如果我們想變得更好，

我們需要竭力發揮自己所長，

比賽結束後也毋需驕傲自滿。

有些人「願賭不服輸」，

正是指不知道遊戲規則，

還欺凌他人的輸家。

用盡全力工作的人與懶惰的人不同，

因為他們知道**在對的時間做對的事**。

課業優良的人與學習能力差的人不同，

因為他們知道**研讀適合自己的科目**。

若我們擅長籃球，我們就該贏得球賽。

若我們擅長足球，就該在90分鐘內贏得勝利。

若你可以製作好節目，

那就該在企劃會議上讓每個人都知道你的點子。

很多人天賦異稟，

但他們都把才能用在錯誤的地方，

浪費時間而未能發揮自己的才賦。

在自己所長之外發揮才能，或在戰場之外展現聰慧，

這並非是對的方向。

讓其他人
見識你的才華，

但永遠別讓人知道
你做不到的事。

奉獻所能

> 為需要你的人犧牲。
> 幫助向你尋求協助的人。
> 向找你諮詢的人給予建議。

很多人都需要幫助，

那就在他們需要幫手時伸出援手。

很多人都挨餓，

你可以給他們一些食糧充飢，拯救他們的性命。

很多人都需要建議，

你的一句話或許足以幫助他們翻身。

肚子餓時要做的事就是進食，

你絕對不會拿一條牛仔褲給挨餓的人，

因為他們需要的是食物而非衣物。

商場上也是如此。

我們需要理解＋真正知道客戶的需求，

好了解如何提供客戶最棒的服務。

要讓客戶為我們的服務掏錢並非困難之事。

很多人仍等著能解決他們需求的答案，

有些人需要教育上的財力支持，

其他人則需要知識。

有些人需要好的見解，

才能敦促他們成就更好的事業。

幫助有所需要的人，

會比做好事但沒人真正得到好處更好。

為需要的人
伸出援手，

為挨餓的人
提供糧食。

盡 心 盡 力

> 事業成功的不二法門就是
> 用盡全力、發揮自己所能。

最棒的甜點師傅

經營最成功的甜點店。

最棒的設計師

經營最成功的設計事務所。

最棒的髮型設計師

經營最成功的美髮沙龍。

皇天終究不負苦心人，

用盡心力、精神在創作上，定能做出傑作。

若你想成功，就需要在要做的事情上盡心盡力，

變成業界裡「比最好還要更好的人」。

若你無法比最好還要更好，

那你只能是業界裡的第二名。

要知道每位競爭者都是會思考的人，

他們也有手有腳，也有支持他們的團隊。

若你想做，但目前就差臨門一腳，

那你很有可能就此喪失競爭機會。

要成功就是在所做之事上盡心盡力，

並且要比最好還要更好，

僅此而已。

盡你所能，

把工作做到最好，

讓每分每秒
都同等重要。

跳 脫 窠 臼

心境要如空氣般流轉得宜，
決心要如高聳山嶽般堅定。
像老鷹一樣勇猛心細，
如剛熨燙好的襯衫整潔乾淨。

如風隨行＋自在，就能保有自由的思緒。
才有創造力＋敢於跳脫窠臼。

如山嶽般果決＋堅強，是指要有堅強的意志和決斷力，
好完成你設定的目標，
要有自信且永不放棄。

老鷹是高空之王者。

牠能恣意獵捕想要的獵物。

牠攻擊的任何獵物均難以存活。

因此，若你敢跳脫窠臼思考，

但因害怕而不敢去做，那什麼都不會發生。

另一方面，如果你敢**跳脫窠臼**思考，並**勇於去做**，

接下來你只需要**見招拆招，克服所有難題**。

當我們長大成人，以往兒時懷有的天眞便逐漸消逝。

若把我們的年少歲月比做全新白色毛巾，

當我們漸漸年老，毛巾便需要時常換洗。

懷有美好想法＋成為好人並不困難，

懷有美好想法＋成為好人是我們都應該做的事，

懷有美好想法＋成為好人是所有人類都該做的事，

懷有美好想法＋成為好人讓我們不論做任何事都能感

到快樂。

一座大山
需要龐大的機器
才可能移動它，

而最棒的美食
只取自
最優質的食材。

見 賢 思 齊

> 工匠通常被認定努力勤奮。
> 財務長通常被認定節儉成性。
> 選美皇后一定要時常微笑。
> 好萊塢製作人需要心思大膽。

每個人、每種職業和每個民族，都有其獨特的特質。

若我們知道要如何找出他人的「特點」，

或是知道如何欣賞他人的特質，並與我們自身結合，

我們就能成為更好的人，而這能使我們「更強大」。

我們周遭的每樣事物都有其長處。

日常生活中的事物都有其獨特性。

找出我們周遭事物的特質，

將好的部份納為己用。

這種行為是好的學習，藉此提升自己。

如果你知道如何看待周遭的好事好物，

那當然是件好事，

但若你知道如何把看到的好事好物融入生活，

那就更好不過。

若能結合許多好事好物，

肯定能造就出美好的事物。

做個好典範，

別做壞榜樣。

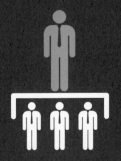

專 注 生 活

> 身在江湖，
> 要如發狂的惡魔般凶狠，
> 要如蜂鳥般溫和，
> 更要如羽毛枕般柔軟。

過生活最重要的事，就是**確實知道自己在做什麼**。

工作的時間專心工作，休息的時間真正休息。

花時間與家人相處時，就放鬆心情不憂慮。

閱讀時，我們就專注在書本上。

活著的時候，我們就好好過日子。

有時候我們需要學習如何戰鬥。

我們需要像噴火龍，我們需要發憤攻擊，

我們得想著勝利，我們得毫不猶疑地戰鬥，

我們得竭盡所能，永不放棄。

該休息的時候，

我們需要放鬆，心情溫和，

如微風中的羽毛一樣飄動。

該練習的時候，

我們就要像爬山一樣敦促自己，並維持專注。

如果我們到達不了巔峰，

我們就無法完成任何事，也到達不了目的地。

若我們學著了解人生的時間，

我們就會知道何時要積極，何時要放慢速度。

當知道什麼是值得我們積極以對時，

我們就知道如何過生活了。

以自己的原則做事，
在自己的跑道上競跑。

在該停止的時候停下，
勇於面對任何可能。

反 思 所 為

> 往前邁進才能接近終點；
> 停下來才能欣賞身旁的事物；
> 退後兩步才能看清事物的整體。

過生活，有很多正常過活的方法，

比如：

學習如何前進，成就事業。

學習停下，了解我們周遭的其他事物。

學習退後，才能看清出路，當往前只是一條死路的時候。

若你是為了學習更多而做，
未來你就能成為「成功的人」。

若你是為了獲得更多錢而去做，
那你就會成為「金錢大亨」。

若你只是為了自己而去做，
你會成為「自私的人」。

若你是為了實現夢想而做，
那你就是「逐夢者」。

若你是想得到他人擁有的事物而做，
你就會成為「善妒者」。

若你是想用一己之力摧毀事物而做，
那你就是「霸凌者」。

若你是為了讓他人快樂而做，
那你就是「善於付出者」。

若你是為了讓家人開心而做，
那你就是「最棒的一家之主」。

有時我們需要向前邁進，
有時我們需要停下休息。

有時我們得往後退個幾步，
才能看清
事物真正的樣貌。

堅定心志

> 要在公園裡漫遊，還是快速走過，
> 端看我們的腳力和心境。

馬拉松跑者會獨自練習，但總是團體競賽。

讓他們抵達終點的除了體力之外，

還有堅強的心志，以及不想放棄的決心。

也有許多馬拉松跑者經常無法到達終點，

因為他們在到達之前就放棄。

登山客不只是在爬山，

他們也需要「**決心**」才能克服每種困境。

足球選手不僅僅擅長自己所在的位置，

他們也需要「**決心**」才能撐到最後一秒。

籃球選手不只是擅長投籃得分，

他們也需要「**決心**」才能維持激昂的鬥志。

環自行車賽車手不會只在長途競賽表現傑出，

他們也需要「**決心**」才能督促自己衝破疼痛障礙。

技藝高超的音樂家不只要知道如何使用樂器，

他們也需要「**決心**」才能熟能生巧，

奉行嚴謹的訓練才能成功。

好的領袖
會為了團隊
做任何事。

壞的領袖
只在乎
團隊為他做了什麼。

正 向 思 考

> 一面專注思考未來，
> 另一面專注在困境上，
> 這就是成功需要的準備工作。

不論是大事還小事，**正向思考非常重要**。

如果我們「審慎準備」並保有「積極態度」，
就能完成大事。

而我們得為一路上可能碰到的每個問題，
準備好解決方法。

謹慎的人不會對腦中同時要有「積極」和「消極」思維有所意見。

知道如何工作的人知道該做什麼，也知道何時該停止或放慢腳步。「逼迫自己去做」可能是非常危險的舉動，通常結果都不好。

消極的人即使眼前就有一個「**絕佳機會**」，卻往往看不見任何一個。

自私的人從來不聽任何人的聲音，他們只聽「**自己的聲音**」。他們會為了自己做每件事，只想得到自己要的而忽視他人。

慷慨的人通常會為了周遭的人做任何事，不論何時只要有人需要幫忙，「**他們會立刻伸出援手**」。

好的態度就是往前看，
並與團隊分享，
一同努力。

所有人在同一條船上，
就會共同朝目標邁進。

持 心 正 直

> 夢想讓勤奮的人向前邁進，
>
> 貪婪讓貪得無厭的人向前邁進，
>
> 懶散讓「逐夢者」和「貪心者」停滯不前。

小嬰兒從學習如何**翻身**開始。

當他知道如何翻身後，

他便開始學習如何**往前爬**。

在他知道如何往前爬之後，

他便開始學習如何**站起來**。

當我們知道如何跑步時，

有些人熱愛跑步時的「速度感」，

但其他人則喜歡跑步的「鍛鍊感」。

有幹勁就能讓人「**前進**」。

有的人努力工作想獲取「**名聲**」，

有的人努力工作想賺取「**金錢**」，

有的人努力工作想「**大賺一筆**」，

有的人努力工作想贏得「**頭銜**」。

不論追求的是什麼，

我們決定要得到某樣事物時，

我們就會向前邁進取得它，

更重要的是，我們得「正直」取得。

不靠作弊，不靠說謊，

不靠傷害他人來取得自己要的東西。

真誠以待
才能成就傳奇，

延續良善行為
才是真英雄。

良 善 循 環

過生活好比種樹

如果我們想要好的生活，

我們需要完備的養分，

如此人生才會壯大美麗。

美麗的人生就好比美麗的樹。

樹成長地很慢，每天只生長一點，

經過多年就長成一棵**大樹**。

而這棵大樹會成為動物和鳥兒的棲息地，

帶來更多源源不絕的生命力。

有很多事情都能使人成長為善良的人類。

這包括學校安置的良善環境，我們在唸書時學習到的知識，來自家庭的親愛，周遭的人給我們的好言好語。

良善的思想＋友善的言詞＋良好的行為

就能造就「更好的生活」。

有良善思想，人就不會彼此傷害，

有良善思想，人就不會欺瞞彼此。

孩子成為「**友善的人**」，

那他就也會是社會裡的「**良善公民**」。

我們的社會裡若多了一位良善份子，社會就會慢慢進步，因為良善的人不會彼此傷害。

若社會裡不好的人比良善的人多，

社會就會變糟。

少一分戾氣，

多一分祥和。

隨 處 快 樂

> 我們總想找尋的快樂就在我們心中，
> 當我們停止搜尋維持原貌時，
> 就能找到內心的快樂。

有些人長途跋涉，是為了找到「快樂」。

有些人在臉書直播，是為了找到「快樂」。

有些人喝酒作樂，是為了找到「快樂」。

有些人只要有人在身旁，就找到「快樂」。

有些人只要靜坐冥想，就找到「快樂」。

快樂是隱身某處。

快樂無所不在。

快樂可以很昂貴。

快樂也可以很廉價。

快樂是免費的。

快樂是隨身而行。

快樂是靜定自處。

快樂隨時變動。

快樂直在眼前。

快樂圍繞四周。

快樂需要尋找。

快樂是循序漸進。

快樂時來時往。

快樂要呵護才可得。

快樂就是來杯咖啡

快樂伴隨想像而來。

快樂可以成眞。

快樂偶爾
說來就來。

快樂只會發生在
想得到他的人身上。

練 習 思 考

> 聽一聽，想一想，
>
> 有時我們會「得到答案」。
>
> 有時我們「得不到答案」。
>
> 但若只是聽而不想，就永遠聽不到任何東西。

我們要好好聆聽，

如此我們才能從聽取的言語中學到東西。

思考一下你聽到的事，定能從中瞭解一二。

重點並非我們在尋找的事，但至少我們曾思考，因為

我們聽見了自己的想法。

人類之所以能學習，是因為我們總是在思考。

若你像孩子一樣**練習思考**，
有天你就能解開好奇的謎題。

好奇心讓我們對自己經歷的事物發問，
當我們發問時，我們就會尋求答案。

錯誤幫助我們找出解決問題的辦法。

一有了好奇心，我們的思考過程就有了好的開始。

人類大腦發達，而大腦前半部負責我們的**想像力**。先
祖開始在冬季穿衣服保暖，人類老早就知道應用工具
使生活便利，我們創造出碗盤之類的陶器，好讓我們
能夠保存糧食和飲水。

這就是**思考過程**對人類很重要的原因。

聆聽、閱讀
和思考，

這就是變聰明的
最佳方法。

不 忘 夢 想

> 人因夢想而偉大,
> 沒有夢想,我們不過是人猿罷了。

夢想讓亞歷山大・貝爾(Alexander Bell)有了創造電話的想法,我們才有機會向遠在他方的至親至愛通話。

夢想讓萊特兄弟(Wright brothers)為人類發明飛機,我們現在才能像鳥兒一樣在空中飛翔。

夢想讓**普通人**像麥克・傑克森（Michael Jackson）一樣成為搖滾明星。

夢想讓**平凡人**可以像麥克・泰森（Mike Tyson）一樣成為世界冠軍。

夢想讓**一般女孩**能像泰勒絲（Taylor Swift）一樣成為流行明星。

夢想讓**一般男孩**能像披頭四（The Beatles）一樣成為傳奇人物。

夢想能讓**普通的孩子**像麥克・菲爾普斯（Michael Phelps）一樣，參加奧運贏得二十八面金牌。

夢想使人得以往前邁進，超越自己所想。

軍人
必須勇敢，

築夢者
也必定是個
勇者。

勇 於 創 造

> 思想使人獲得信念，
> 讓許多人勇於創造，
> 而創造能持續改變世界。

賈伯斯想像了一台能隨身攜帶、存放數千首數位樂曲
的音樂播放器，他將這個裝置命名為「iPod」。

賈伯斯發明了全新設計的智慧手機，將此裝置命名
為「iPhone」。這裝置迅速受世人歡迎，席捲全世
界，讓蘋果公司締造非常高的利潤率。

賈伯斯創造了觸控螢幕的平台電腦，稱此裝置為
「iPad」。

人之所以能創造，

那是因為有大腦前葉部。

人類腦部的體積比大多數哺乳類動物的腦部還要大。

人類有大拇指，所以我們與其他哺乳類動物相比，得

以抓住、控制更多東西。

人類有非常特殊的口腔共鳴，所以才能創造出各種不

同的聲音。

人類率先懂得使用羊腸，所以才創造出像「小提琴」

般樂器的琴弦。

人類學會如何在圓形殼狀物上延展動物毛皮，所以才

創造出「鼓」。

人類曾用鯨魚牙齒當作鑰匙，以及其他動物的身體部

位創造出最早的「鋼琴」。

任何人造物都是源自我們的想像力和創造力，人類懂

得創造任何需要的東西。

好的點子
得以改變結果。

聰明人
用自己的創造發想
改變全世界。

累 積 經 驗

> 淬煉你的思想，
> 思考越多就會越聰明。
> 我們的思維需要持續學習來加以鍛鍊。

我們不能停止學習。

我們能從每一本教科書內學習，

我們能從日常生活中學習，

學越多，就能得到更多。

學習讓人變得更聰明，

讓我們有更好的生活。

創造出驚人產品的人，

他們的成功有部分來自「**創造力**」。

另外的一部分則來自他們具備的「**知識**」。

學生需要盡可能的學習，

因為有很多人會將各科各目彙整成不同的教科書，

讓學生用簡單的方式理解。

完全不想學習新知的人就宛如「**空的玻璃杯**」。

腦袋完全空無一物的人就是「**空洞的人**」。

腦中只想到邪惡思想的人，總有一天成為「**壞人**」。

腦中只想到良善思想的人，總有一天成為「**好人**」。

談到我們的人生，
最大的義務就是
學習、愛人、成長。

但最重要的任務是
知道我們自己是誰。

有時候
我們需要好的
人生建議，

經驗能告訴我們，
未來該怎麼走。

你的失敗不是偶然

成功者不給看的 36 招生存本領

作　　者／丹榮‧皮昆 Damrong Pinkoon
譯　　者／游卉庭
主　　編／林巧涵
執行企劃／王聖惠
封面設計／倪龐德
版面設計／李宜芝

第五編輯部總監／梁芳春
發行人／趙政岷
出版者／時報文化出版企業股份有限公司
10803 台北市和平西路三段 240 號 7 樓
發行專線／（02）2306-6842
讀者服務專線／0800-231-705、（02）2304-7103
讀者服務傳真／（02）2304-6858
郵撥／ 1934-4724 時報文化出版公司
信箱／台北郵政 79 ～ 99 信箱
時報悅讀網／ www.readingtimes.com.tw
電子郵件信箱／ books@readingtimes.com.tw
法律顧問／理律法律事務所 陳長文律師、李念祖律師
印　刷／勁達印刷有限公司
初版一刷／ 2018 年 1 月 19 日
定　　價／新台幣 250 元
行政院新聞局局版北市業字第 80 號

時報文化出版公司成立於一九七五年，並於一九九九年股票上櫃公開發行，
於二〇〇八年脫離中時集團非屬旺中，以「尊重智慧與創意的文化事業」為信念。

你的失敗不是偶然 / 丹榮‧皮昆(Damrong Pinkoon) 作；游卉庭譯. 初版
臺北市：時報文化, 2018.01 ISBN　978-957-13-7277-8 (平裝)
1. 成功法　2. 生活指導　177.2　106024360